卞尺丹几乙し丹卞と

Translated Language Learning

La Sirenetta

The Little Mermaid

Hans Christian Andersen

Italiano / English

Copyright © 2023 Tranzlaty
All rights reserved.
Published by Tranzlaty
ISBN: 978-1-83566-282-3
Original text by Hans Christian Andersen
Den Lille Havfrue
First published in Danish in 1837
www.tranzlaty.com

La Sirenetta
The Little Mermaid

Lontano nell'oceano, dove l'acqua è blu
Far out in the ocean, where the water is blue
Qui l'acqua è azzurra come il fiordaliso più bello
here the water is as blue as the prettiest cornflower
e l'acqua è limpida come il cristallo più puro
and the water is as clear as the purest crystal
Quest'acqua, lontana nell'oceano, è molto, molto profonda
this water, far out in the ocean is very, very deep
acqua così profonda, infatti, che nessun cavo poteva raggiungere il fondo
water so deep, indeed, that no cable could reach the bottom
Potresti ammucchiare molti campanili di chiese l'uno sull'altro
you could pile many church steeples upon each other
ma non avrebbero raggiunto la superficie dell'acqua
but they would not reach the surface of the water
Lì dimorano il Re del Mare e i suoi sudditi
There dwell the Sea King and his subjects
Potresti pensare che sia solo sabbia gialla nuda sul fondo
you might think it is just bare yellow sand at the bottom
ma non dobbiamo immaginare che non ci sia nulla
but we must not imagine that there is nothing there
Su questa sabbia crescono i fiori e le piante più strane
on this sand grow the strangest flowers and plants
E non puoi immaginare quanto siano flessibili le foglie e gli steli
and you can't imagine how pliant the leaves and stems are
la minima agitazione dell'acqua li fa agitare
the slightest agitation of the water causes them to stir
è come se ogni foglia avesse una vita propria
it is as if each leaf had a life of their own
I pesci, grandi e piccoli, scivolano tra i rami
Fishes, both large and small, glide between the branches

proprio come quando gli uccelli volano tra gli alberi qui sulla terra
just like when birds fly among the trees here upon land

Nel punto più profondo di tutti si erge un bellissimo castello
In the deepest spot of all stands a beautiful castle
questo bellissimo castello è il castello del Re del Mare
this beautiful castle is the castle of the Sea King
Le mura del castello sono costruite in corallo
the walls of the castle are built of coral
e le lunghe finestre gotiche sono della più chiara ambra
and the long Gothic windows are of the clearest amber
Il tetto del castello è formato da conchiglie marine
The roof of the castle is formed of sea shells
e le conchiglie si aprono e si chiudono mentre l'acqua scorre su di esse
and the shells open and close as the water flows over them
Il loro aspetto è più bello di quanto si possa descrivere
Their appearance is more beautiful than can be described
All'interno di ogni conchiglia c'è una perla scintillante
within each shell there lies a glittering pearl
e ogni perla sarebbe adatta al diadema di una regina
and each pearl would be fit for the diadem of a queen

Il Re del Mare era vedovo da molti anni
The Sea King had been a widower for many years
e la sua anziana madre gli teneva la casa
and his aged mother kept house for him
Era una donna molto sensibile
She was a very sensible woman
ma era estremamente orgogliosa dei suoi alti natali
but she was exceedingly proud of her high birth
e per questo portava dodici ostriche sulla coda
and on that account she wore twelve oysters on her tail
ad altri di alto rango era permesso indossare solo sei ostriche
others of high rank were only allowed to wear six oysters

Era, tuttavia, meritevole di grandissimi elogi
She was, however, deserving of very great praise
C'era qualcosa per cui meritava un elogio particolare
there was something she especially deserved praise for
Si prendeva molta cura delle piccole principesse del mare
she took great care of the the little sea princesses
Aveva sei nipoti che amava
she had six granddaughters that she loved
Tutte le principesse del mare erano bellissime bambine
all the sea princesses were beautiful children
Ma la più giovane principessa del mare era la più bella di loro
but the youngest sea princess was the prettiest of them
La sua pelle era chiara e delicata come una foglia di rosa
Her skin was as clear and delicate as a rose leaf
e i suoi occhi erano azzurri come il mare più profondo
and her eyes were as blue as the deepest sea
ma, come tutti gli altri, non aveva piedi
but, like all the others, she had no feet
e all'estremità del suo corpo c'era la coda di un pesce
and at the end of her body was a fish's tail

Suonavano tutto il giorno nelle grandi sale del castello
All day long they played in the great halls of the castle
Dalle mura del castello spuntavano bellissimi fiori
out of the walls of the castle grew beautiful flowers
E amava anche giocare tra i fiori vivi
and she loved to play among the living flowers, too
Le grandi finestre color ambra erano aperte e i pesci nuotavano dentro
The large amber windows were open, and the fish swam in
è proprio come quando lasciamo le finestre aperte
it is just like when we leave the windows open
e poi le belle rondini volano nelle nostre case
and then the pretty swallows fly into our houses
solo i pesci nuotavano fino alle principesse

only the fishes swam up to the princesses
Erano gli unici che mangiavano dalle loro mani
they were the only ones that ate out of their hands
e si lasciarono accarezzare da loro
and they allowed themselves to be stroked by them

All'esterno del castello c'era un bellissimo giardino
Outside the castle there was a beautiful garden
Nel giardino crescevano fiori rosso vivo e blu scuro
in the garden grew bright-red and dark-blue flowers
e crebbero fiori come fiamme di fuoco
and there grew blossoms like flames of fire
i frutti sulle piante luccicavano come l'oro
the fruit on the plants glittered like gold
e le foglie e gli steli ondeggiavano continuamente avanti e indietro
and the leaves and stems continually waved to and fro
La terra sul terreno era la sabbia più fine
The earth on the ground was the finest sand
ma non ha il colore della sabbia che conosciamo
but it does not have the colour of the sand we know
è blu come la fiamma dello zolfo ardente
it is as blue as the flame of burning sulphur
Su ogni cosa c'era uno strano splendore blu
Over everything lay a peculiar blue radiance
è come se il cielo azzurro fosse dappertutto
it is as if the blue sky were everywhere
l'azzurro del cielo era sopra e sotto
the blue of the sky was above and below
Con tempo calmo si vedeva il sole
In calm weather the sun could be seen
Da qui il sole sembrava un fiore rosso-violaceo
from here the sun looked like a reddish-purple flower
e la luce fluiva dal calice del fiore
and the light streamed from the calyx of the flower

Il giardino del palazzo era diviso in più parti
the palace garden was divided into several parts
Ognuna delle principesse aveva il proprio piccolo appezzamento di terreno
Each of the princesses had their own little plot of ground
Su questo appezzamento potevano piantare tutti i fiori che volevano
on this plot they could plant whatever flowers they pleased
Una principessa ha sistemato la sua aiuola a forma di balena
one princess arranged her flower bed in the form of a whale
Una principessa ha sistemato i suoi fiori come una sirenetta
one princess arranged her flowers like a little mermaid
e la bambina fece il suo giardino rotondo, come il sole
and the youngest child made her garden round, like the sun
e nel suo giardino crescevano bellissimi fiori rossi
and in her garden grew beautiful red flowers
Questi fiori erano rossi come i raggi del tramonto
these flowers were as red as the rays of the sunset

Era una bambina strana; Tranquillo e premuroso
She was a strange child; quiet and thoughtful
Le sue sorelle mostravano diletto per le cose meravigliose
her sisters showed delight at the wonderful things
le cose che hanno ottenuto dai relitti delle navi
the things they obtained from the wrecks of vessels
ma a lei importava solo dei suoi bei fiori rossi
but she cared only for her pretty red flowers
anche se c'era anche una bella statua di marmo
although there was also a beautiful marble statue
Era la rappresentazione di un bel ragazzo
It was the representation of a handsome boy
Era stato scolpito in pura pietra bianca
it had been carved out of pure white stone
ed era caduto in fondo al mare da un relitto
and it had fallen to the bottom of the sea from a wreck
questa statua di marmo di un ragazzo a cui teneva anche lei
this marble statue of a boy she cared about too

Piantò, vicino alla statua, un salice piangente color rosa
She planted, by the statue, a rose-colored weeping willow
e ben presto il salice appese i suoi rami freschi sopra la statua
and soon the willow hung its fresh branches over the statue
I rami arrivavano quasi fino alle sabbie azzurre
the branches almost reached down to the blue sands
Le ombre dell'albero avevano il colore del viola
The shadows of the tree had the color of violet
e le ombre ondeggiavano avanti e indietro come i rami
and the shadows waved to and fro like the branches
Tutto questo ha creato l'illusione più interessante
all of this created the most interesting illusion
come se la chioma dell'albero e le radici stessero giocando
as if the crown of the tree and the roots were playing
Sembrava che stessero cercando di baciarsi
it looked as if they were trying to kiss each other

Il suo più grande piacere era sentir parlare del mondo di sopra
her greatest pleasure was hearing about the world above
il mondo sopra il mare profondo in cui viveva
the world above the deep sea she lived in
Si fece raccontare tutto dalla vecchia nonna
She made her old grandmother tell her all about it
le navi e le città, le persone e gli animali
the ships and the towns, the people and the animals
Lassù i fiori della terra avevano profumo
up there the flowers of the land had fragrance
i fiori sotto il mare non avevano profumo
the flowers below the sea had no fragrance
Lassù gli alberi della foresta erano verdi
up there the trees of the forest were green
e i pesci sugli alberi potevano cantare magnificamente
and the fishes in the trees could sing beautifully
Lassù era un piacere ascoltare i pesci

up there it was a pleasure to listen to the fish
Sua nonna chiamava gli uccelli pesci
her grandmother called the birds fishes
altrimenti la sirenetta non avrebbe capito
else the little mermaid would not have understood
perché la sirenetta non aveva mai visto uccelli
because the little mermaid had never seen birds

Sua nonna le parlò dei riti delle sirene
her grandmother told her about the rites of mermaids
"Un giorno raggiungerai il tuo quindicesimo anno"
"one day you will reach your fifteenth year"
"Allora avrai il permesso di andare in superficie"
"then you will have permission to go to the surface"
"Potrai sederti sulle rocce al chiaro di luna"
"you will be able to sit on the rocks in the moonlight"
"E vedrai passare le grandi navi"
"and you will see the great ships go sailing by"
"Allora vedrai le foreste, le città e la gente"
"Then you will see forests and towns and the people"

L'anno seguente una delle suore avrebbe compiuto quindici anni
the following year one of the sisters would be fifteen
ma ogni sorella era di un anno più giovane dell'altra
but each sister was a year younger than the other
la più giovane avrebbe dovuto aspettare cinque anni prima del suo turno
the youngest would have to wait five years before her turn
Solo allora avrebbe potuto risollevarsi dal fondo dell'oceano
only then could she rise up from the bottom of the ocean
E solo allora avrebbe potuto vedere la terra come la vediamo noi
and only then could she see the earth as we do
Tuttavia, ognuna delle sorelle si è fatta una promessa
However, each of the sisters made each other a promise

Stavano per raccontare agli altri quello che avevano visto
they were going to tell the others what they had seen
La nonna non poteva dire loro abbastanza
Their grandmother could not tell them enough
C'erano così tante cose che volevano sapere
there were so many things they wanted to know about

La sorella più giovane desiderava di più il suo turno
the youngest sister longed for her turn the most
Ma ha dovuto aspettare più a lungo di tutti gli altri
but, she had to wait longer than all the others
ed era così tranquilla e premurosa riguardo al mondo
and she was so quiet and thoughtful about the world
C'erano molte notti in cui stava vicino alla finestra aperta
there were many nights where she stood by the open window
e guardò in alto attraverso l'acqua blu scuro
and she looked up through the dark blue water
e guardava i pesci che schizzavano con le pinne
and she watched the fish as they splashed with their fins
Riusciva a vedere la luna e le stelle che brillavano debolmente
She could see the moon and stars shining faintly
Ma dal profondo dell'acqua queste cose sembrano diverse
but from deep below the water these things look different
La luna e le stelle sembravano più grandi di quanto non siano ai nostri occhi
the moon and stars looked larger than they do to our eyes
A volte, qualcosa come una nuvola nera passava
sometimes, something like a black cloud went past
Sapeva che poteva essere una balena che nuotava sopra la sua testa
she knew that it could be a whale swimming over her head
oppure potrebbe essere una nave, piena di esseri umani
or it could be a ship, full of human beings
esseri umani che non potevano immaginare cosa c'era sotto di loro

human beings who couldn't imagine what was under them
una graziosa sirenetta che tende le sue mani bianche
a pretty little mermaid holding out her white hands
una graziosa sirenetta che si protende verso la loro nave
a pretty little mermaid reaching towards their ship

Venne il giorno in cui la primogenita compiva quindici anni
the day came when the eldest had her fifteenth birthday
Ora le era permesso di risalire sulla superficie dell'oceano
now she was allowed to rise to the surface of the ocean
e quella notte nuotò fino alla superficie
and that night she swum up to the surface
potete immaginare tutte le cose che ha visto lassù
you can imagine all the things she saw up there
E potete immaginare tutte le cose di cui doveva parlare
and you can imagine all the things she had to talk about
Ma la cosa più bella, disse, era sdraiarsi su un banco di sabbia
But the finest thing, she said, was to lie on a sand bank
nel tranquillo mare illuminato dalla luna, vicino alla riva
in the quiet moonlit sea, near the shore
Da lì aveva guardato le luci sulla terra
from there she had gazed at the lights on the land
Erano le luci della città vicina
they were the lights of the near-by town
Le luci avevano brillato come centinaia di stelle
the lights had twinkled like hundreds of stars
Aveva ascoltato i suoni della musica della città
she had listened to the sounds of music from the town
Aveva sentito il rumore delle carrozze trainate dai loro cavalli
she had heard noise of carriages drawn by their horses
e aveva sentito le voci degli esseri umani
and she had heard the voices of human beings
e aveva udito l'allegro rintocco delle campane
and the had heard merry pealing of the bells

le campane che suonano nei campanili delle chiese
the bells ringing in the church steeples
ma non poteva avvicinarsi a tutte queste cose meravigliose
but she could not go near all these wonderful things
Perciò desiderava ancora di più queste cose meravigliose
so she longed for these wonderful things all the more

Potete immaginare con quanta impazienza ascoltasse la sorella più giovane
you can imagine how eagerly the youngest sister listened
Le descrizioni del mondo superiore erano come un sogno
the descriptions of the upper world were like a dream
Poi si fermò davanti alla finestra aperta della sua stanza
afterwards she stood at the open window of her room
E guardò in superficie, attraverso l'acqua blu scuro
and she looked to the surface, through the dark-blue water
Pensò alla grande città di cui le aveva parlato sua sorella
she thought of the great city her sister had told her of
La grande città con tutto il suo trambusto e il suo rumore
the great city with all its bustle and noise
Le parve persino di sentire il suono delle campane
she even fancied she could hear the sound of the bells
Immaginò che il loro suono arrivasse fino alle profondità del mare
she imagined their sound carried to the depths of the sea

Dopo un altro anno la seconda sorella compiva gli anni
after another year the second sister had her birthday
Anche lei ricevette il permesso di risalire in superficie
she too received permission to rise to the surface
e da lì poteva nuotare dove voleva
and from there she could swim about where she pleased
Era risalita in superficie proprio mentre il sole stava tramontando
She had gone to the surface just as the sun was setting
Questo, disse, era lo spettacolo più bello di tutti

this, she said, was the most beautiful sight of all
Tutto il cielo sembrava un disco d'oro puro
The whole sky looked like a disk of pure gold
e c'erano nuvole viola e rosa
and there were violet and rose-colored clouds
Erano troppo belli per essere descritti, disse
they were too beautiful to describe, she said
E disse come le nuvole si spostavano nel cielo
and she said how the clouds drifted across the sky
e qualcosa era volato via più rapidamente delle nuvole
and something had flown by more swiftly than the clouds
Un grande stormo di cigni selvatici volò verso il sole al tramonto
a large flock of wild swans flew toward the setting sun
I cigni erano stati come un lungo velo bianco sul mare
the swans had been like a long white veil across the sea
Aveva anche provato a nuotare verso il sole
She had also tried to swim towards the sun
ma a una certa distanza il sole sprofondò tra le onde
but some distance away the sun sank into the waves
Vide come le tinte rosee svanivano dalle nuvole
she saw how the rosy tints faded from the clouds
e vide come il colore era sbiadito anche dal mare
and she saw how the colour had also faded from the sea

L'anno successivo fu il turno della terza sorella
the next year it was the third sister's turn
Questa sorella era la più audace di tutte le sorelle
this sister was the boldest of all the sisters
Risalì a nuoto un ampio fiume che sfociava nel mare
she swam up a broad river that emptied into the sea
Sulle rive del fiume vide verdi colline
On the banks of the river she saw green hills
le verdi colline erano ricoperte di bellissime vigne
the green hills were covered with beautiful vines
e sulle colline c'erano foreste di alberi

and on the hills there were forests of trees
e dalle foreste spuntavano palazzi e castelli
and out of the forests palaces and castles poked out
Aveva sentito gli uccelli cantare tra gli alberi
She had heard birds singing in the trees
e aveva sentito i raggi del sole sulla sua pelle
and she had felt the rays of the sun on her skin
I raggi erano così forti che dovette rituffarsi
the rays were so strong that she had to dive back
e si raffreddò il viso ardente nell'acqua fresca
and she cooled her burning face in the cool water
In uno stretto torrente trovò un gruppo di bambini piccoli
In a narrow creek she found a group of little children
Erano i primi bambini umani che avesse mai visto
they were the first human children she had ever seen
Voleva giocare anche con i bambini
She wanted to play with the children too
ma i bambini fuggirono da lei in preda a un grande spavento
but the children fled from her in a great fright
E poi un animaletto nero è venuto all'acqua
and then a little black animal came to the water
Era un cane, ma lei non sapeva che fosse un cane
it was a dog, but she did not know it was a dog
perché non aveva mai visto un cane prima
because she had never seen a dog before
e il cane abbaiò furiosamente alla sirena
and the dog barked at the mermaid furiously
Si spaventò e si precipitò di nuovo in mare aperto
she became frightened and rushed back to the open sea
Ma ha detto che non avrebbe mai dovuto dimenticare la bellissima foresta
But she said she should never forget the beautiful forest
le verdi colline e i bei bambini
the green hills and the pretty children
Trovava eccezionalmente divertente il modo in cui nuotavano

she found it exceptionally funny how they swam
perché i piccoli bambini umani non avevano la coda
because the little human children didn't have tails
così con le loro zampette hanno preso a calci l'acqua
so with their little legs they kicked the water

La quarta sorella era più timida della precedente
The fourth sister was more timid than the last
Aveva deciso di restare in mezzo al mare
She had decided to stay in the midst of the sea
ma lei disse che era tanto bello lì quanto più vicino alla terra
but she said it was as beautiful there as nearer the land
Dalla superficie riusciva a vedere molte miglia intorno a lei
from the surface she could see many miles around her
Il cielo sopra di lei sembrava una campana di vetro
the sky above her looked like a bell of glass
e aveva visto le navi salpare
and she had seen the ships sail by
ma erano a grandissima distanza da lei
but they were at a very great distance from her
e, con le loro vele, sembravano gabbiani
and, with their sails, they looked like sea gulls
Vide come i delfini giocavano tra le onde
she saw how the dolphins played in the waves
e le grandi balene sputavano acqua dalle narici
and great whales spouted water from their nostrils
come cento fontane che giocano tutte insieme
like a hundred fountains all playing together

Il compleanno della quinta sorella cadeva in inverno
The fifth sister's birthday occurred in the winter
Così vide cose che gli altri non avevano visto
so she saw things that the others had not seen
In questo periodo dell'anno il mare appariva verde
at this time of the year the sea looked green
Grandi iceberg galleggiavano sull'acqua verde

large icebergs were floating on the green water
E ogni iceberg sembrava una perla, ha detto
and each iceberg looked like a pearl, she said
ma erano più grandi e più alte delle chiese
but they were larger and loftier than the churches
ed erano delle forme più interessanti
and they were of the most interesting shapes
e ogni iceberg luccicava come diamanti
and each iceberg glittered like diamonds
Si era seduta su uno degli iceberg
She had seated herself on one of the icebergs
e lasciava che il vento giocasse con i suoi lunghi capelli
and she let the wind play with her long hair
Ha notato qualcosa di interessante sulle navi
She noticed something interesting about the ships
Tutte le navi passarono molto rapidamente davanti agli iceberg
all the ships sailed past the icebergs very rapidly
e si allontanarono il più possibile
and they steered away as far as they could
Era come se avessero paura dell'iceberg
it was as if they were afraid of the iceberg
Rimase in mare fino a sera
she stayed out at sea into the evening
Il sole tramontava e nuvole scure coprivano il cielo
the sun went down and dark clouds covered the sky
Il tuono rimbombò attraverso l'oceano di iceberg
the thunder rolled across the ocean of icebergs
e i lampi dei lampi brillavano di rosso sugli iceberg
and the flashes of lightning glowed red on the icebergs
ed erano sballottati qua e là dal mare agitato
and they were tossed about by the heaving sea
tutte le navi, le vele tremavano di paura
all the ships the sails were trembling with fear
e la sirena sedeva tranquillamente sull'iceberg galleggiante
and the mermaid sat calmly on the floating iceberg

Guardò il fulmine che colpiva il mare
she watched the lightning strike into the sea

Tutte le sue cinque sorelle maggiori erano cresciute
All of her five older sisters had grown up now
quindi potevano andare in superficie quando volevano
therefore they could go to the surface when they pleased
All'inizio erano entusiasti del mondo di superficie
at first they were delighted with the surface world
Non ne hanno mai abbastanza dei nuovi e bellissimi panorami
they couldn't get enough of the new and beautiful sights
ma alla fine tutti divennero indifferenti nei suoi confronti
but eventually they all grew indifferent towards it
e dopo un mese non si visitavano più molto
and after a month they didn't visit much at all anymore
Hanno detto alla sorella che era molto più bello a casa
they told their sister it was much more beautiful at home

Eppure spesso, nelle ore serali, salivano
Yet often, in the evening hours, they did go up
Le cinque sorelle si abbracciarono l'una all'altra
the five sisters twined their arms about each other
e insieme, a braccetto, salirono in superficie
and together, arm in arm, they rose to the surface
Spesso salivano quando si avvicinava una tempesta
often they went up when there was a storm approaching
Temevano che la tempesta potesse conquistare una nave
they feared that the storm might win a ship
Così nuotarono fino alla nave e cantarono ai marinai
so they swam to the vessel and sung to the sailors
Le loro voci erano più affascinanti di quelle di qualsiasi essere umano
Their voices were more charming than that of any human
e pregarono i viaggiatori di non temere se fossero affondati
and they begged the voyagers not to fear if they sank

perché le profondità del mare erano piene di delizie
because the depths of the sea was full of delights
Ma i marinai non riuscivano a capire le loro canzoni
But the sailors could not understand their songs
e pensavano che il loro canto fosse il sospiro della tempesta
and they thought their singing was the sighing of the storm
perciò le loro canzoni non furono mai belle per i marinai
therefore their songs were never beautiful to the sailors
perché se la nave affondasse gli uomini annegherebbero
because if the ship sank the men would drown
i morti non guadagnarono nulla dal palazzo del Re del Mare
the dead gained nothing from the palace of the Sea King
ma la loro sorella più giovane è stata lasciata in fondo al mare
but their youngest sister was left at the bottom of the sea
Alzando lo sguardo verso di loro, era pronta a piangere
looking up at them, she was ready to cry
Dovresti sapere che le sirene non hanno lacrime che possono piangere
you should know mermaids have no tears that they can cry
Quindi il suo dolore e la sua sofferenza erano più acuti dei nostri
so her pain and suffering was more acute than ours
«Oh, vorrei avere anche quindici anni!» esclamò
"Oh, I wish I was also fifteen years old!" said she
"So che amerò il mondo lassù"
"I know that I shall love the world up there"
"e amerò tutti gli uomini che vivono in quel mondo"
"and I shall love all the people who live in that world"

ma, alla fine, anche lei raggiunse il suo quindicesimo anno
but, at last, she too reached her fifteenth year
"Bene, ora sei cresciuta", disse la nonna
"Well, now you are grown up," said her grandmother
"Vieni, e lascia che ti adorni come le tue sorelle"
"Come, and let me adorn you like your sisters"

E si mise tra i capelli una ghirlanda di gigli bianchi
And she placed a wreath of white lilies in her hair
Ogni petalo dei gigli era mezza perla
every petal of the lilies was half a pearl
Poi, la vecchia signora ordinò che venissero otto grandi ostriche
Then, the old lady ordered eight great oysters to come
Le ostriche si attaccarono alla coda della principessa
the oysters attached themselves to the tail of the princess
sotto il mare le ostriche sono usate per mostrare il tuo rango
under the sea oysters are used to show your rank
"Ma mi hanno fatto tanto male", disse la sirenetta
"But they hurt me so," said the little mermaid
"Sì, lo so che le ostriche fanno male", rispose la vecchia signora
"Yes, I know oysters hurt," replied the old lady
"Ma tu sai benissimo che l'orgoglio deve soffrire"
"but you know very well that pride must suffer pain"
Con quanta gioia si sarebbe scrollata di dosso tutta quella grandezza
how gladly she would have shaken off all this grandeur
Le sarebbe piaciuto mettere da parte la pesante ghirlanda!
she would have loved to lay aside the heavy wreath!
Pensò ai fiori rossi del suo giardino
she thought of the red flowers in her own garden
I fiori rossi le sarebbero stati molto più adatti
the red flowers would have suited her much better
Ma non riusciva a trasformarsi in qualcos'altro
But she could not change herself into something else
Così ha salutato la nonna e le sorelle
so she said farewell to her grandmother and sisters
e, leggera come una bolla, salì in superficie
and, as lightly as a bubble, she rose to the surface

Il sole era appena tramontato quando sollevò la testa sopra le onde
The sun had just set when she raised her head above the

waves
Le nuvole si tingevano di cremisi e d'oro dal tramonto
The clouds were tinted with crimson and gold from the sunset
e attraverso il crepuscolo scintillante brillava la stella della sera
and through the glimmering twilight beamed the evening star
Il mare era calmo e l'aria di mare era mite e fresca
The sea was calm, and the sea air was mild and fresh
Una grande nave con tre alberi giaceva in bonaccia sull'acqua
A large ship with three masts lay becalmed on the water
Una sola vela era calata, perché non si muoveva una brezza
only one sail was set, for not a breeze stirred
e i marinai se ne stavano oziosi sul ponte, o in mezzo al sartiame
and the sailors sat idle on deck, or amidst the rigging
C'erano musica e canti a bordo della nave
There was music and song on board of the ship
Al calar delle tenebre si accesero un centinaio di lanterne colorate
as darkness came a hundred colored lanterns were lighted
Era come se le bandiere di tutte le nazioni sventolassero nell'aria
it was as if the flags of all nations waved in the air

La sirenetta nuotò vicino ai finestrini della cabina
The little mermaid swam close to the cabin windows
Di tanto in tanto le onde del mare la sollevavano
now and then the waves of the sea lifted her up
Poteva guardare attraverso i vetri delle finestre
she could look in through the glass window-panes
e poteva vedere un certo numero di persone vestite in modo curioso
and she could see a number of curiously dressed people
Tra le persone che riusciva a vedere c'era un giovane principe

Among the people she could see there was a young prince
Il principe era il più bello di tutti
the prince was the most beautiful of them all
Non aveva mai visto nessuno con occhi così belli
she had never seen anyone with such beautiful eyes
Era la celebrazione del suo sedicesimo compleanno
it was the celebration of his sixteenth birthday
I marinai ballavano sul ponte della nave
The sailors were dancing on the deck of the ship
Tutti applaudirono quando il principe uscì dalla cabina
all cheered when the prince came out of the cabin
e più di cento razzi si alzarono in aria
and more than a hundred rockets rose into the air
Per un po' di tempo i fuochi d'artificio hanno reso il cielo luminoso come il giorno
for some time the fireworks made the sky as bright as day
Naturalmente la nostra giovane sirena non aveva mai visto fuochi d'artificio prima
of course our young mermaid had never seen fireworks before
Spaventata da tutto quel rumore, si tuffò di nuovo sott'acqua
startled by all the noise, she dived back under water
ma ben presto allungò di nuovo la testa
but soon she again stretched out her head
Era come se tutte le stelle del cielo cadessero intorno a lei
it was as if all the stars of heaven were falling around her
Splendide lucciole volavano nell'aria azzurra
splendid fireflies flew up into the blue air
e tutto si rifletteva nel mare limpido e calmo
and everything was reflected in the clear, calm sea
La nave stessa era illuminata da tutta quella luce
The ship itself was brightly illuminated by all the light
Riusciva a vedere tutte le persone e anche la più piccola corda
she could see all the people and even the smallest rope
Com'era bello il giovane principe che ringraziava i suoi ospiti!

How handsome the young prince looked thanking his guests!
e la musica risuonò nell'aria limpida della notte!
and the music resounded through the clear night air!

I festeggiamenti per il compleanno sono durati fino a tarda notte
the birthday celebrations lasted late into the night
Ma la Sirenetta non riusciva a staccare gli occhi dalla nave
but the little mermaid could not take her eyes from the ship
né riusciva a staccare gli occhi dal bel principe
nor could she take her eyes from the beautiful prince
Le lanterne colorate si erano spente
The colored lanterns had now been extinguished
e non c'erano più razzi che si alzavano in aria
and there were no more rockets that rose into the air
Anche il cannone della nave aveva cessato di sparare
the cannon of the ship had also ceased firing
ma ora era il mare che diventava irrequieto
but now it was the sea that became restless
Si sentiva un gemito e un brontolio sotto le onde
a moaning, grumbling sound could be heard beneath the waves
Eppure, la sirenetta rimase vicino alla finestra della cabina
and yet, the little mermaid remained by the cabin window
Stava dondolando su e giù sull'acqua
she was rocking up and down on the water
in modo che potesse continuare a guardare nella nave
so that she could keep looking into the ship
Dopo un po' le vele sono state rapidamente calate
After a while the sails were quickly set
e la nave ripartì per il porto
and the ship went on her way back to port

Ma ben presto le onde salirono sempre più in alto
But soon the waves rose higher and higher
Nuvole scure e pesanti oscuravano il cielo notturno

dark, heavy clouds darkened the night sky
e apparvero lampi in lontananza
and there appeared flashes of lightning in the distance
Poco lontano si stava avvicinando una terribile tempesta
not far away a dreadful storm was approaching
Ancora una volta le vele furono ammainate controvento
Once more the sails were lowered against the wind
e la grande nave proseguì la sua rotta sul mare in tempesta
and the great ship pursued her course over the raging sea
Le onde si alzarono alte come le montagne
The waves rose as high as the mountains
Si sarebbe pensato che le onde avrebbero avuto la nave
one would have thought the waves would have had the ship
ma la nave si tuffò come un cigno tra le onde
but the ship dived like a swan between the waves
poi si sollevò di nuovo sulle loro alte creste spumeggianti
then she rose again on their lofty, foaming crests
Per la sirenetta questo era uno sport piacevole
To the little mermaid this was pleasant sport
ma non era uno sport piacevole per i marinai
but it was not pleasant sport to the sailors
La nave emetteva terribili gemiti e scricchiolii
the ship made awful groaning and creaking sounds
e le onde si infrangevano sul ponte ancora e ancora
and the waves broke over the deck again and again
le spesse assi cedettero sotto la sferzata del mare
the thick planks gave way under the lashing of the sea
Sotto la pressione l'albero maestro si spezzò, come una canna
under the pressure the mainmast snapped asunder, like a reed
e, mentre la nave giaceva su un fianco, l'acqua si precipitò dentro
and, as the ship lay over on her side, the water rushed in

La sirenetta si rese conto che l'equipaggio era in pericolo
The little mermaid realized that the crew were in danger

Anche la sua situazione non era priva di pericoli
her own situation wasn't without danger either
Doveva evitare le travi e le assi sparse nell'acqua
she had to avoid the beams and planks scattered in the water
Per un attimo tutto si trasformò nel buio più completo
for a moment everything turned into complete darkness
e la sirenetta non riusciva a vedere dov'era
and the little mermaid could not see where she was
ma poi un lampo rivelò l'intera scena
but then a flash of lightning revealed the whole scene
Poteva vedere che tutti erano ancora a bordo della nave
she could see everyone was still on board of the ship
Ebbene, a bordo della nave c'erano tutti, tranne il principe
well, everyone was on board of the ship, except the prince
La nave proseguì il suo percorso verso la terraferma
the ship continued on its path to the land
e vide il principe affondare tra le onde profonde
and she saw the prince sink into the deep waves
Per un attimo questo la rese più felice di quanto avrebbe dovuto
for a moment this made her happier than it should have
Ora che era in mare, lei poteva stare con lui
now that he was in the sea she could be with him
Poi si ricordò dei limiti dell'essere umano
Then she remembered the limits of human beings
La gente della terra non può vivere nell'acqua
the people of the land cannot live in the water
Se fosse arrivato a palazzo sarebbe già morto
if he got to the palace he would already be dead
"No, non deve morire!" decise
"No, he must not die!" she decided
dimentica ogni preoccupazione per la propria incolumità
she forget any concern for her own safety
e nuotò tra le travi e le assi
and she swam through the beams and planks
Due travi avrebbero potuto facilmente farla a pezzi

two beams could easily crush her to pieces
Si tuffò in profondità sotto le acque scure
she dove deep under the dark waters
tutto si alzava e si abbassava con le onde
everything rose and fell with the waves
Alla fine, riuscì a raggiungere il giovane principe
finally, she managed to reach the young prince
Stava rapidamente perdendo la forza di nuotare nel mare in tempesta
he was fast losing the power to swim in the stormy sea
Le sue membra cominciavano a venirgli meno
His limbs were starting to fail him
e i suoi begli occhi erano chiusi
and his beautiful eyes were closed
Sarebbe morto se non fosse arrivata la Sirenetta
he would have died had the little mermaid not come
Gli teneva la testa fuori dall'acqua
She held his head above the water
e lasciare che le onde li portino dove vogliono
and let the waves carry them where they wanted

Al mattino la tempesta era cessata
In the morning the storm had ceased
ma della nave non si vedeva un solo frammento
but of the ship not a single fragment could be seen
Il sole sorse, rosso e splendente, fuori dall'acqua
The sun came up, red and shining, out of the water
I raggi del sole avevano un effetto curativo sul principe
the sun's beams had a healing effect on the prince
Il colore della salute tornò sulle guance del principe
the hue of health returned to the prince's cheeks
ma nonostante il sole, i suoi occhi rimasero chiusi
but despite the sun, his eyes remained closed
La sirena gli baciò la fronte alta e liscia
The mermaid kissed his high, smooth forehead
e gli accarezzò i capelli bagnati

and she stroked back his wet hair
Le sembrava la statua di marmo del suo giardino
He seemed to her like the marble statue in her garden
Così lo baciò di nuovo e desiderò che vivesse
so she kissed him again, and wished that he lived

Di lì a poco giunsero in vista della terra
Presently, they came in sight of land
e vide alte montagne azzurre all'orizzonte
and she saw lofty blue mountains on the horizon
in cima alle montagne riposava la neve bianca
on top of the mountains the white snow rested
come se uno stormo di cigni fosse sdraiato su di loro
as if a flock of swans were lying upon them
Bellissime foreste verdi erano vicino alla riva
Beautiful green forests were near the shore
e lì vicino c'era un grande edificio
and close by there stood a large building
Avrebbe potuto essere una chiesa o un convento
it could have been a church or a convent
ma era ancora troppo lontana per esserne sicura
but she was still too far away to be sure
Alberi di aranci e cedri crescevano nel giardino
Orange and citron trees grew in the garden
e davanti alla porta c'erano alte palme
and before the door stood lofty palms
Il mare qui formava una piccola baia
The sea here formed a little bay
Nella baia l'acqua era tranquilla e immobile
in the bay the water lay quiet and still
ma anche se l'acqua era ferma, era molto profonda
but although the water was still, it was very deep
Nuotò con il bel principe fino alla spiaggia
She swam with the handsome prince to the beach
La spiaggia era ricoperta di sabbia bianca e fine
the beach was covered with fine white sand

e lì lo depose al caldo sole
and there she laid him in the warm sunshine
Si preoccupò di alzare la testa più in alto del suo corpo
she took care to raise his head higher than his body
Poi le campane suonarono nel grande edificio bianco
Then bells sounded in the large white building
Alcune ragazze entrarono nel giardino
some young girls came into the garden
La sirenetta nuotò più lontano dalla riva
The little mermaid swam out farther from the shore
Si nascose tra alcune alte rocce nell'acqua
she hid herself among some high rocks in the water
si coprì la testa e il collo con la schiuma del mare
she Covered her head and neck with the foam of the sea
E guardava per vedere che ne sarebbe stato del povero principe
and she watched to see what would become of the poor prince

Non passò molto tempo prima che vedesse avvicinarsi una giovane ragazza
It was not long before she saw a young girl approach
La ragazza sembrava spaventata, all'inizio
the young girl seemed frightened, at first
Ma la sua paura durò solo un attimo
but her fear only lasted for a moment
Poi ha portato un certo numero di persone
then she brought over a number of people
E la sirena vide che il principe tornava in vita
and the mermaid saw that the prince came to life again
Sorrideva a coloro che gli stavano intorno
he smiled upon those who stood around him
Ma alla sirenetta il principe non mandò alcun sorriso
But to the little mermaid the prince sent no smile
Non sapeva che lei lo aveva salvato
he knew not that she had saved him
Questo rese la sirenetta molto addolorata

This made the little mermaid very sorrowful
e poi fu condotto nel grande edificio
and then he was led away into the great building
e la sirenetta si tuffò in acqua
and the little mermaid dived down into the water
e tornò al castello di suo padre
and she returned to her father's castle

Era sempre stata la più silenziosa e riflessiva
She had always been the most silent and thoughtful
e ora era più silenziosa e pensierosa che mai
and now she was more silent and thoughtful than ever
Le sue sorelle le chiesero che cosa avesse visto durante la sua prima visita
Her sisters asked her what she had seen on her first visit
ma non poteva dire loro nulla di ciò che aveva visto
but she could tell them nothing of what she had seen
Molte sere e mattine tornava in superficie
Many an evening and morning she returned to the surface
E andò al luogo dove aveva lasciato il principe
and she went to the place where she had left the prince
Vide maturare i frutti dell'orto
She saw the fruits in the garden ripen
e guardava i frutti raccolti dai loro alberi
and she watched the fruits gathered from their trees
Guardò la neve sulle cime delle montagne sciogliersi
she watched the snow on the mountain tops melt away
Ma in nessuna delle sue visite rivide il principe
but on none of her visits did she see the prince again
e perciò tornava sempre più addolorata di prima
and therefore she always returned more sorrowful than before

Il suo unico conforto era sedersi nel suo piccolo giardino
her only comfort was sitting in her own little garden
Gettò le braccia intorno alla bella statua di marmo
she flung her arms around the beautiful marble statue

la statua che assomigliava proprio al principe
the statue which looked just like the prince
Aveva smesso di prendersi cura dei suoi fiori
She had given up tending to her flowers
e il suo giardino cresceva in una confusione selvaggia
and her garden grew in wild confusion
intrecciavano le loro lunghe foglie e i loro steli intorno agli alberi
they twinied their long leaves and stems round the trees
così che tutto il giardino divenne buio e tenebroso
so that the whole garden became dark and gloomy

Alla fine non ce l'ha fatta più
eventually she could bear it no longer
E raccontò tutto a una delle sue sorelle
and she told one of her sisters all about it
Ben presto le altre sorelle udirono il segreto
soon the other sisters heard the secret
e ben presto il suo segreto divenne noto a parecchie cameriere
and very soon her secret became known to several maids
Una delle cameriere aveva un'amica che conosceva il principe
one of the maids had a friend who knew about the prince
Aveva anche visto il festival a bordo della nave
She had also seen the festival on board the ship
e disse loro da dove veniva il principe
and she told them where the prince came from
e disse loro dov'era il suo palazzo
and she told them where his palace stood

"Vieni, sorellina!" dissero le altre principesse
"Come, little sister," said the other princesses
intrecciarono le braccia e si alzarono insieme
they entwined their arms and rose up together
Si avvicinarono al palazzo del principe

they went near to where the prince's palace stood
Il palazzo è stato costruito in pietra gialla brillante e splendente
the palace was built of bright-yellow, shining stone
e il palazzo aveva lunghe rampe di gradini di marmo
and the palace had long flights of marble steps
una delle rampe di scale arrivava fino al mare
one of the flights of steps reached down to the sea
Splendide cupole dorate si ergevano sopra il tetto
Splendid gilded cupolas rose over the roof
L'intero edificio era circondato da pilastri
the whole building was surrounded by pillars
e tra i pilastri si ergevano statue di marmo realistiche
and between the pillars stood lifelike statues of marble
Potevano vedere attraverso il cristallo trasparente delle finestre
they could see through the clear crystal of the windows
e potevano guardare nelle stanze nobili
and they could look into the noble rooms
costose tende di seta e arazzi pendevano dal soffitto
costly silk curtains and tapestries hung from the ceiling
e le pareti erano ricoperte di bellissimi dipinti
and the walls were covered with beautiful paintings
Al centro del salone più grande c'era una fontana
In the centre of the largest salon was a fountain
la fontana gettava in alto i suoi zampilli scintillanti
the fountain threw its sparkling jets high up
l'acqua schizzava sulla cupola di vetro del soffitto
the water splashed onto the glass cupola of the ceiling
e il sole splendeva attraverso l'acqua
and the sun shone in through the water
e l'acqua schizzava sulle piante intorno alla fontana
and the water splashed on the plants around the fountain

Ora la sirenetta sapeva dove viveva il principe
Now the little mermaid knew where the prince lived

Così trascorse molte notti su quelle acque
so she spent many a night on those waters
Era diventata più coraggiosa di quanto non fossero state le sue sorelle
she got more courageous than her sisters had been
e nuotò molto più vicino alla riva di quanto non avessero fatto loro
and she swam much nearer the shore than they had
Una volta risalì lo stretto canale, sotto il balcone di marmo
once she went up the narrow channel, under the marble balcony
Il balcone gettava un'ampia ombra sull'acqua
the balcony threw a broad shadow on the water
Qui si sedette e guardò il giovane principe
Here she sat and watched the young prince
Lui, naturalmente, pensava di essere solo al chiaro di luna
he, of course, thought he was alone in the bright moonlight

Lo vedeva spesso la sera, navigando su una bella barca
She often saw him evenings, sailing in a beautiful boat
La musica risuonava dalla barca e le bandiere sventolavano
music sounded from the boat and the flags waved
Fece capolino tra i giunchi verdi
She peeped out from among the green rushes
A volte il vento le accarezzava il lungo velo bianco-argenteo
at times the wind caught her long silvery-white veil
Chi lo vide credette che fosse un cigno
those who saw it believed it to be a swan
Aveva tutto l'aspetto di un cigno che spiegava le ali
it had all the appearance of a swan spreading its wings

Molte notti, inoltre, guardava i pescatori calare le reti
Many a night, too, she watched the fishermen set their nets
gettano le reti alla luce delle loro torce
they cast their nets in the light of their torches
e li sentì raccontare molte cose buone sul principe

and she heard them tell many good things about the prince
Questo la rendeva felice di avergli salvato la vita
this made her glad that she had saved his life
quando fu sballottato mezzo morto sulle onde
when he was tossed around half dead on the waves
Si ricordò di come la testa di lui si fosse appoggiata sul suo petto
She remembered how his head had rested on her bosom
e si ricordò di quanto lo avesse baciato di cuore
and she remembered how heartily she had kissed him
ma non sapeva nulla di tutto ciò che era accaduto
but he knew nothing of all that had happened
Il giovane principe non poteva nemmeno sognare la sirenetta
the young prince could not even dream of the little mermaid

Ha imparato ad amare sempre di più gli esseri umani
She grew to like human beings more and more
Desiderava sempre di più poter vagare per il loro mondo
she wished more and more to be able to wander their world
Il loro mondo sembrava essere molto più grande del suo
their world seemed to be so much larger than her own
Potevano sorvolare il mare con le navi
They could fly over the sea in ships
e potevano salire sulle alte colline molto al di sopra delle nuvole
and they could mount the high hills far above the clouds
nelle loro terre possedevano boschi e campi
in their lands they possessed woods and fields
Il verde si estendeva oltre la portata della sua vista
the greenery stretched beyond the reach of her sight
C'erano così tante cose che desiderava sapere!
There was so much that she wished to know!
Ma le sue sorelle non sono state in grado di rispondere a tutte le sue domande
but her sisters were unable to answer all her questions

Poi andò dalla vecchia nonna per avere delle risposte
She then went to her old grandmother for answers
Sua nonna sapeva tutto del mondo superiore
her grandmother knew all about the upper world
Giustamente chiamò questo mondo "le terre sopra il mare"
she rightly called this world "the lands above the sea"

"Se gli esseri umani non annegano, possono vivere per sempre?"
"If human beings are not drowned, can they live forever?"
"Non muoiono mai, come noi qui in mare?"
"Do they never die, as we do here in the sea?"
"Sì, muoiono anche loro" rispose la vecchia signora
"Yes, they die too" replied the old lady
"Come noi, anche loro devono morire", aggiunse la nonna
"like us, they must also die," added her grandmother
"E la loro vita è ancora più breve della nostra"
"and their lives are even shorter than ours"
"A volte viviamo per trecento anni"
"We sometimes live for three hundred years"
"ma quando cessiamo di esistere qui diventiamo schiuma"
"but when we cease to exist here we become foam"
"e galleggiamo sulla superficie dell'acqua"
"and we float on the surface of the water"
"Non abbiamo tombe per coloro che amiamo"
"we do not have graves for those we love"
"E noi non abbiamo anime immortali"
"and we have not immortal souls"
"Dopo la morte non vivremo mai più"
"after we die we shall never live again"
"Come l'alga verde, una volta tagliata"
"like the green seaweed, once it has been cut off"
"Dopo la morte, non potremo mai più prosperare"
"after we die, we can never flourish more"
"Gli esseri umani, al contrario, hanno un'anima"
"Human beings, on the contrary, have souls"

"Anche dopo la morte le loro anime vivono per sempre"
"even after they're dead their souls live forever"
"Quando moriamo i nostri corpi si trasformano in schiuma"
"when we die our bodies turn to foam"
"Quando muoiono i loro corpi si trasformano in polvere"
"when they die their bodies turn to dust"
"Quando moriamo ci solleviamo attraverso l'acqua limpida e blu"
"when we die we rise through the clear, blue water"
"Quando muoiono si sollevano attraverso l'aria limpida e pura"
"when they die they rise up through the clear, pure air"
"Quando moriamo non galleggiamo oltre la superficie"
"when we die we float no further than the surface"
"ma quando muoiono vanno oltre le stelle scintillanti"
"but when they die they go beyond the glittering stars"
"Saliamo dall'acqua in superficie"
"we rise out of the water to the surface"
"E contempliamo tutto il paese della terra"
"and we behold all the land of the earth"
"Salgono in regioni sconosciute e gloriose"
"they rise to unknown and glorious regions"
"regioni gloriose e sconosciute che non vedremo mai"
"glorious and unknown regions which we shall never see"
La Sirenetta piangeva la sua mancanza di anima
the little mermaid mourned her lack of a soul
"Perché non abbiamo anime immortali?" chiese la sirenetta
"Why have not we immortal souls?" asked the little mermaid
"Darei volentieri tutte le centinaia di anni che ho"
"I would gladly give all the hundreds of years that I have"
"Scambierei tutto per essere un essere umano per un giorno"
"I would trade it all to be a human being for one day"
"Avere la speranza di conoscere tale felicità"
"to have the hope of knowing such happiness"
"La felicità di quel glorioso mondo sopra le stelle"
"the happiness of that glorious world above the stars"

«Non devi pensarlo», disse la vecchia
"You must not think that," said the old woman
"Crediamo di essere molto più felici degli umani"
"We believe that we are much happier than the humans"
"E crediamo di stare molto meglio degli esseri umani"
"and we believe we are much better off than human beings"

"Così morirò!" disse la sirenetta
"So I shall die," said the little mermaid
"essendo la schiuma del mare, sarò lavato"
"being the foam of the sea, I shall be washed about"
"non sentirò mai più la musica delle onde"
"never again will I hear the music of the waves"
"Non vedrò mai più i bei fiori"
"never again will I see the pretty flowers"
"né vedrò mai più il sole rosso"
"nor will I ever again see the red sun"
"C'è qualcosa che posso fare per conquistare un'anima immortale?"
"Is there anything I can do to win an immortal soul?"
«No», disse la vecchia, «a meno che...»
"No," said the old woman, "unless..."
"C'è solo un modo per guadagnare un'anima"
"there is just one way to gain a soul"
"Un uomo deve amarti più di quanto ami suo padre e sua madre"
"a man has to love you more than he loves his father and mother"
"Tutti i suoi pensieri e il suo amore devono essere fissi su di te"
"all his thoughts and love must be fixed upon you"
"Deve prometterti di esserti fedele qui e nell'aldilà"
"he has to promise to be true to you here and hereafter"
"Il sacerdote deve mettere la sua mano destra nella tua"
"the priest has to place his right hand in yours"
"Allora l'anima del tuo uomo scivolerebbe nel tuo corpo"

"then your man's soul would glide into your body"
"Partecipereste alla futura felicità del genere umano"
"you would get a share in the future happiness of mankind"
"Ti darebbe un'anima e conserverebbe anche la sua"
"He would give to you a soul and retain his own as well"
"Ma è impossibile che questo accada mai"
"but it is impossible for this to ever happen"
"La tua coda di pesce, tra noi, è considerata bella"
"Your fish's tail, among us, is considered beautiful"
"Ma sulla terra la coda del tuo pesce è considerata brutta"
"but on earth your fish's tail is considered ugly"
"Gli umani non sanno fare di meglio"
"The humans do not know any better"
"Il loro standard di bellezza è avere due robusti oggetti di scena"
"their standard of beauty is having two stout props"
"Questi due robusti oggetti di scena li chiamano gambe"
"these two stout props they call their legs"
La sirenetta sospirò per quello che sembrava essere il suo destino
The little mermaid sighed at what appeared to be her destiny
e guardò con tristezza la coda del suo pesce
and she looked sorrowfully at her fish's tail
"Cerchiamo di essere contenti di quello che abbiamo", disse la vecchia signora
"Let us be happy with what we have," said the old lady
"Sfrecciamo e saltiamo qua e là per trecento anni"
"let us dart and spring about for the three hundred years"
"E trecento anni sono davvero abbastanza"
"and three hundred years really is quite long enough"
"Dopodiché possiamo riposarci ancora meglio"
"After that we can rest ourselves all the better"
"Questa sera faremo un ballo in campo"
"This evening we are going to have a court ball"

Era uno di quegli splendidi spettacoli che non possiamo mai vedere sulla terra
It was one of those splendid sights we can never see on earth
Il ballo di corte si è svolto in una grande sala da ballo
the court ball took place in a large ballroom
Le pareti e il soffitto erano di cristallo spesso e trasparente
The walls and the ceiling were of thick transparent crystal
Molte centinaia di conchiglie colossali si trovavano in file su ogni lato
Many hundreds of colossal shells stood in rows on each side
alcuni erano di un rosso intenso, altri di un verde erba
some were deep red, others were grass green
e ciascuna delle conchiglie aveva un fuoco azzurro
and each of the shells had a blue fire in it
Questi hanno illuminato l'intero salone e i ballerini
These lighted up the whole salon and the dancers
e le conchiglie brillavano attraverso le pareti
and the shells shone out through the walls
così che anche il mare era illuminato dalla loro luce
so that the sea was also illuminated by their light
Innumerevoli pesci, grandi e piccoli, nuotavano
Innumerable fishes, great and small, swam past
Alcune delle loro scaglie brillavano di una brillantezza violacea
some of their scales glowed with a purple brilliance
e gli altri pesci brillavano come l'argento e l'oro
and other fishes shone like silver and gold
Attraverso i corridoi scorreva un ampio ruscello
Through the halls flowed a broad stream
e nel ruscello danzavano i tritoni e le sirene
and in the stream danced the mermen and the mermaids
ballavano al suono del loro dolce canto
they danced to the music of their own sweet singing

Nessuno sulla terra ha voci così belle come loro
No one on earth has such lovely voices as they

ma la sirenetta cantava più dolcemente di tutte
but the little mermaid sang more sweetly than all
Tutta la corte l'ha applaudita con le mani e con la coda
The whole court applauded her with hands and tails
e per un attimo il suo cuore si sentì molto felice
and for a moment her heart felt quite happy
perché sapeva di avere la voce più dolce del mare
because she knew she had the sweetest voice in the sea
E sapeva di avere la voce più dolce della terra
and she knew she had the sweetest voice on land
Ma ben presto ripensò al mondo sopra di lei
But soon she thought again of the world above her
Non poteva dimenticare il principe azzurro
she could not forget the charming prince
Le ricordò che aveva un'anima immortale
it reminded her that he had an immortal soul
e non poteva dimenticare che non aveva un'anima immortale
and she could not forget that she had no immortal soul
Sgattaiolò via silenziosamente dal palazzo di suo padre
She crept away silently out of her father's palace
Tutto all'interno era pieno di gioia e di canti
everything within was full of gladness and song
ma se ne stava seduta nel suo giardinetto, triste e sola
but she sat in her own little garden, sorrowful and alone
Poi sentì la tromba risuonare attraverso l'acqua
Then she heard the bugle sounding through the water
e pensò: "Certamente sta navigando lassù"
and she thought, "He is certainly sailing above"
"Lui, il bel principe, in cui si concentrano i miei desideri"
"he, the beautiful prince, in whom my wishes centre"
"colui nelle cui mani vorrei porre la mia felicità"
"he, in whose hands I should like to place my happiness"
"Azzarderò tutto per lui, e per conquistare un'anima immortale"
"I will venture all for him, and to win an immortal soul"
"Le mie sorelle ballano nel palazzo di mio padre"

"my sisters are dancing in my father's palace"
"ma io andrò dalla strega del mare"
"but I will go to the sea witch"
"la strega del mare di cui ho sempre avuto tanta paura"
"the sea witch of whom I have always been so afraid"
"Ma la strega del mare può darmi consigli e aiuto"
"but the sea witch can give me counsel, and help"

Allora la sirenetta uscì dal suo giardino
Then the little mermaid went out from her garden
e prese la strada per i gorghi spumeggianti
and she took the road to the foaming whirlpools
Dietro i vortici spumeggianti viveva la maga
behind the foaming whirlpools the sorceress lived
La Sirenetta non era mai andata così prima
the little mermaid had never gone that way before
Né fiori né erba crescevano dove stava andando
Neither flowers nor grass grew where she was going
Non c'era nient'altro che terra nuda, grigia e sabbiosa
there was nothing but bare, gray, sandy ground
questa terra arida si estendeva fino al vortice
this barren land stretched out to the whirlpool
l'acqua era come le ruote spumeggianti di un mulino
the water was like foaming mill wheels
e i mulini si impadronivano di tutto ciò che capitava a portata di mano
and the mills seized everything that came within reach
gettano la loro preda nell'insondabile abisso
they cast their prey into the fathomless deep
Doveva passare attraverso questi vortici schiaccianti
Through these crushing whirlpools she had to pass
Solo allora avrebbe potuto raggiungere i domini della Strega del Mare
only then could she reach the dominions of the sea witch
Dopodiché ci fu una distesa di fango caldo e ribollente
after this came a stretch of warm, bubbling mire

La strega del mare chiamò la palude gorgogliante la sua brughiera
the sea witch called the bubbling mire her turf moor

Al di là della sua torbiera c'era la casa della strega
Beyond her turf moor was the witch's house
La sua casa si trovava al centro di una strana foresta
her house stood in the centre of a strange forest
In questa foresta tutti gli alberi e i fiori erano polipi
in this forest all the trees and flowers were polypi
ma erano solo una pianta a metà; l'altra metà era animale
but they were only half plant; the other half was animal
Sembravano serpenti con cento teste
They looked like serpents with a hundred heads
e ogni serpente cresceva dalla terra
and each serpent was growing out of the ground
I loro rami erano braccia lunghe e viscide
Their branches were long, slimy arms
e avevano le dita come vermi flessibili
and they had fingers like flexible worms
ciascuno dei loro arti, dalla radice alla sommità, si muoveva
each of their limbs, from the root to the top, moved
Afferrarono tutto ciò che si poteva raggiungere nel mare
All that could be reached in the sea they seized upon
e a ciò che catturavano si aggrappavano saldamente
and what they caught they held on tightly to
in modo che non sia mai sfuggito alle loro grinfie
so that it never escaped from their clutches

La sirenetta si allarmò per quello che vide
The little mermaid was alarmed at what she saw
Si fermò e il suo cuore batté di paura
she stood still and her heart beat with fear
Arrivò molto vicina a tornare indietro
She came very close to turning back
ma pensò al bel principe

but she thought of the beautiful prince
e il pensiero dell'anima umana che desiderava ardentemente
and the thought of the human soul for which she longed
Con questi pensieri le tornò il coraggio
with these thoughts her courage returned
Si allacciò i lunghi capelli fluenti intorno alla testa
She fastened her long, flowing hair round her head
in modo che il polipi non potesse afferrarla per i capelli
so that the polypi could not grab hold of her hair
e incrociò le mani sul petto
and she crossed her hands across her bosom
e poi si lanciò in avanti come un pesce attraverso l'acqua
and then she darted forward like a fish through the water
tra le braccia flessuose e le dita del brutto polipi
between the supple arms and fingers of the ugly polypi
erano distesi su entrambi i lati di lei
they were stretched out on each side of her
Vide che tutti avevano qualcosa in pugno
She saw that they all held something in their grasp
qualcosa che avevano afferrato con le loro numerose piccole braccia
something they had seized with their numerous little arms
erano scheletri bianchi di esseri umani
they were were white skeletons of human beings
marinai periti in mare durante le tempeste
sailors who had perished at sea in storms
ed erano sprofondati nelle acque profonde
and they had sunk down into the deep waters
e c'erano scheletri di animali terrestri
and there were skeletons of land animals
e c'erano remi, timoni e casse di navi
and there were oars, rudders, and chests of ships
C'era anche una sirenetta che avevano catturato
There was even a little mermaid whom they had caught
La povera sirena deve essere stata strangolata dalle mani
the poor mermaid must have been strangled by the hands

A lei questo sembrò il più scioccante di tutti
to her this seemed the most shocking of all

Alla fine, giunse in uno spazio di terreno paludoso nel bosco
finally, she came to a space of marshy ground in the woods
Qui c'erano grossi serpenti d'acqua grassi che si rotolavano nel fango
here there were large fat water snakes rolling in the mire
I serpenti mostravano i loro brutti corpi grigi
the snakes showed their ugly, drab-colored bodies
In mezzo a questo luogo c'era una casa
In the midst of this spot stood a house
La casa è stata costruita con le ossa di esseri umani naufraghi
the house was built of the bones of shipwrecked human beings
e in casa sedeva la strega del mare
and in the house sat the sea witch
Stava permettendo a un rospo di mangiare dalla sua bocca
she was allowing a toad to eat from her mouth
proprio come quando si dà da mangiare a un canarino con pezzi di zucchero
just like when people feed a canary with pieces of sugar
Chiamava i brutti serpenti d'acqua i suoi piccoli polli
She called the ugly water snakes her little chickens
e permise loro di strisciare su tutto il suo petto
and she allowed them to crawl all over her bosom

"So cosa vuoi", disse la strega del mare
"I know what you want," said the sea witch
"È molto stupido da parte tua volere una cosa del genere"
"It is very stupid of you to want such a thing"
"Ma tu farai a modo tuo, per quanto stupido sia"
"but you shall have your way, however stupid it is"
"Anche se ti farà soffrire, mia bella principessa"
"though it will bring you to sorrow, my pretty princess"
"Vuoi sbarazzarti della coda della tua sirena"

"You want to get rid of your mermaid's tail"
"E tu vuoi avere invece due supporti"
"and you want to have two supports instead"
"Questo vi renderà come gli esseri umani sulla terra"
"this will make you like the human beings on earth"
"E allora il giovane principe potrebbe innamorarsi di te"
"and then the young prince might fall in love with you"
"E allora potresti avere un'anima immortale"
"and then you might have an immortal soul"
La strega rise forte e disgustosa
the witch laughed loud and disgustingly
Il rospo e i serpenti caddero a terra
the toad and the snakes fell to the ground
e se ne stavano lì a dimenarsi sul pavimento
and they lay there wriggling on the floor
"Sei appena in tempo", disse la strega
"You are but just in time," said the witch
"Dopo l'alba di domani sarebbe stato troppo tardi"
"after sunrise tomorrow it would have been too late"
"Non sarei in grado di aiutarti fino alla fine di un altro anno"
"I would not be able to help you till the end of another year"
"Ti preparerò una pozione"
"I will prepare a potion for you"
"Nuota fino a terra domani, prima dell'alba
"swim up to the land tomorrow, before sunrise
"Siediti lì e bevi la pozione"
"seat yourself there and drink the potion"
"Dopo averlo bevuto, la tua coda scomparirà"
"after you drink it your tail will disappear"
"E allora avrai quelle che gli uomini chiamano gambe"
"and then you will have what men call legs"

"Tutti diranno che sei la ragazza più carina del mondo"
"all will say you are the prettiest girl in the world"
"ma per questo dovrai sopportare un grande dolore"
"but for this you will have to endure great pain"

"Sarà come se una spada ti passasse attraverso"
"it will be as if a sword were passing through you"
"Avrai ancora la stessa grazia di movimento"
"You will still have the same gracefulness of movement"
"Sarà come se stessi fluttuando sulla terra"
"it will be as if you are floating over the ground"
"E nessun ballerino camminerà mai con la stessa leggerezza di te"
"and no dancer will ever tread as lightly as you"
"Ma ogni passo che farai ti causerà un grande dolore"
"but every step you take will cause you great pain"
"Sarà come se calpestassi coltelli affilati"
"it will be as if you were treading upon sharp knives"
"Se sopporti tutta questa sofferenza, ti aiuterò"
"If you bear all this suffering, I will help you"
La Sirenetta pensò al Principe
the little mermaid thought of the prince
e pensava alla felicità di un'anima immortale
and she thought of the happiness of an immortal soul
"Sì, lo farò", disse la principessina
"Yes, I will," said the little princess
ma, come potete immaginare, la sua voce tremava di paura
but, as you can imagine, her voice trembled with fear

"Non avere fretta", disse la strega
"do not rush into this," said the witch
"Una volta che hai la forma di un essere umano, non puoi più tornare"
"once you are shaped like a human, you can never return"
"e non prenderai mai più la forma di una sirena"
"and you will never again take the form of a mermaid"
"Non tornerai mai più attraverso l'acqua dalle tue sorelle"
"You will never return through the water to your sisters"
"Né tornerai mai più al palazzo di tuo padre"
"nor will you ever go to your father's palace again"
"Dovrai conquistare l'amore del principe"

"you will have to win the love of the prince"
"Deve essere disposto a dimenticare suo padre e sua madre per te"
"he must be willing to forget his father and mother for you"
"E ti deve amare con tutta l'anima"
"and he must love you with all of his soul"
"Il sacerdote deve unire le mani"
"the priest must join your hands together"
"E vi farà marito e moglie in santo matrimonio"
"and he must make you man and wife in holy matrimony"
"Solo allora avrai un'anima immortale"
"only then will you have an immortal soul"
"Ma non gli devi mai permettere di sposare un'altra"
"but you must never allow him to marry another"
"La mattina dopo che ne sposerà un'altra, il tuo cuore si spezzerà"
"the morning after he marries another, your heart will break"
"e diventerai schiuma sulla cresta delle onde"
"and you will become foam on the crest of the waves"
La Sirenetta divenne pallida come la morte
the little mermaid became as pale as death
"Lo farò", disse la sirenetta
"I will do it," said the little mermaid

"Ma devo essere pagata anch'io", disse la strega
"But I must be paid, also," said the witch
"e non è una sciocchezza quella che chiedo"
"and it is not a trifle that I ask for"
"Tu hai la voce più dolce di tutti quelli che abitano qui"
"You have the sweetest voice of any who dwell here"
"Tu credi di poter incantare il principe con la tua voce"
"you believe that you can charm the prince with your voice"
"Ma la tua bella voce devi darmi a me"
"But your beautiful voice you must give to me"
"La cosa migliore che possiedi è il prezzo della mia pozione"
"The best thing you possess is the price of my potion"

"La pozione deve essere mescolata con il mio stesso sangue"
"the potion must be mixed with my own blood"
"Solo questo lo rende affilato come una spada a doppio taglio"
"only this makes it as sharp as a two-edged sword"

La Sirenetta cercò di obiettare al costo
the little mermaid tried to object to the cost
"Ma se mi togli la voce..." disse la sirenetta
"But if you take away my voice..." said the little mermaid
"Se mi togli la voce, cosa mi resta?"
"if you take away my voice, what is left for me?"
"La tua bella forma", suggerì la strega del mare
"Your beautiful form," suggested the sea witch
"il tuo passo aggraziato, e i tuoi occhi espressivi"
"your graceful walk, and your expressive eyes"
"Sicuramente, con questi puoi incatenare il cuore di un uomo?"
"Surely, with these you can enchain a man's heart?"
"Ebbene, hai perso il coraggio?" chiese la strega del mare
"Well, have you lost your courage?" the sea witch asked
"Tira fuori la tua piccola lingua, così che io possa tagliarla"
"Put out your little tongue, so that I can cut it off"
"Allora avrai la potente pozione"
"then you shall have the powerful potion"
"Sarà", disse la sirenetta
"It shall be," said the little mermaid

Allora la strega mise il calderone sul fuoco
Then the witch placed her caldron on the fire
"La pulizia è una buona cosa", disse la strega del mare
"Cleanliness is a good thing," said the sea witch
Perlustrò i vasi alla ricerca del serpente giusto
she scoured the vessels for the right snake
Tutti i serpenti erano stati legati insieme in un grosso nodo
all the snakes had been tied together in a large knot

Poi si punse il petto
Then she pricked herself in the breast
e lasciò cadere il sangue nero nel calderone
and she let the black blood drop into the caldron
Il vapore che saliva si attorcigliava in forme orribili
The steam that rose twisted itself into horrible shapes
Nessuno poteva guardare le forme senza paura
no person could look at the shapes without fear
Ad ogni istante la strega gettava nuovi ingredienti nel recipiente
Every moment the witch threw new ingredients into the vessel
Alla fine, con tutto quello che c'era dentro, il calderone cominciò a bollire
finally, with everything inside, the caldron began to boil
c'era il suono come il pianto di un coccodrillo
there was the sound like the weeping of a crocodile
e finalmente la pozione magica era pronta
and at last the magic potion was ready
Nonostante i suoi ingredienti, sembrava l'acqua più limpida
despite its ingredients, it looked like the clearest water
"Eccolo, tutto per te", disse la strega
"There it is, all for you," said the witch
e poi tagliò la lingua alla sirenetta
and then she cut off the little mermaid's tongue
così che la sirenetta non poté mai più parlare, né cantare
so that the little mermaid could never again speak, nor sing
"Il polipi potrebbe cercare di afferrarti mentre esci"
"the polypi might try and grab you on the way out"
"Se ci provano, getta su di loro qualche goccia di pozione"
"if they try, throw over them a few drops of the potion"
"e le loro dita saranno fatte a mille pezzi"
"and their fingers will be torn into a thousand pieces"
Ma la sirenetta non aveva bisogno di farlo
But the little mermaid had no need to do this
I polipi balzarono indietro terrorizzati quando la videro
the polypi sprang back in terror when they saw her

Videro che aveva perso la lingua per la strega del mare
they saw she had lost her tongue to the sea witch
e videro che portava la pozione
and they saw she was carrying the potion
La pozione brillava nella sua mano come una stella scintillante
the potion shone in her hand like a twinkling star

Così attraversò rapidamente il bosco e la palude
So she passed quickly through the wood and the marsh
e passò tra i vortici impetuosi
and she passed between the rushing whirlpools
Presto riuscì a tornare al palazzo di suo padre
soon she made it back to the palace of her father
Tutte le torce nella sala da ballo erano spente
all the torches in the ballroom were extinguished
Tutti all'interno del palazzo devono ora essere addormentati
all within the palace must now be asleep
Ma non entrò per vederli
But she did not go inside to see them
Sapeva che li avrebbe lasciati per sempre
she knew she was going to leave them forever
E sapeva che il suo cuore si sarebbe spezzato se li avesse visti
and she knew her heart would break if she saw them
Andò in giardino un'ultima volta
she went into the garden one last time
e prese un fiore da ciascuna delle sue sorelle
and she took a flower from each one of her sisters
e poi si sollevò attraverso le acque blu scuro
and then she rose up through the dark-blue waters

La Sirenetta arrivò al Palazzo del Principe
the little mermaid arrived at the prince's palace
il sole non era ancora sorto dal mare
the the sun had not yet risen from the sea

e la luna brillava chiara e luminosa nella notte
and the moon shone clear and bright in the night
La Sirenetta sedeva sui bellissimi gradini di marmo
the little mermaid sat at the beautiful marble steps
E poi la Sirenetta bevve la pozione magica
and then the little mermaid drank the magic potion
Sentì il taglio di una spada a doppio taglio trafiggerla
she felt the cut of a two-edged sword cut through her
Ed ella cadde in uno svenimento, e giacque come una morta
and she fell into a swoon, and lay like one dead
Il sole sorgeva dal mare e splendeva sulla terra
the sun rose from the sea and shone over the land
Si riprese e sentì il dolore del taglio
she recovered and felt the pain from the cut
ma davanti a lei c'era il bel giovane principe
but before her stood the handsome young prince

Fissò i suoi occhi neri come il carbone sulla sirenetta
He fixed his coal-black eyes upon the little mermaid
Lo guardò così seriamente che lei abbassò gli occhi
he looked so earnestly that she cast down her eyes
E poi si accorse che la coda del suo pesce non c'era più
and then she became aware that her fish's tail was gone
Vide che aveva il più bel paio di gambe bianche
she saw that she had the prettiest pair of white legs
e aveva i piedi minuscoli, come avrebbe fatto qualsiasi fanciulla
and she had tiny feet, as any little maiden would have
Ma, venendo dal mare, non aveva vestiti
But, having come from the sea, she had no clothes
Così si avvolse nei suoi lunghi e folti capelli
so she wrapped herself in her long, thick hair
Il principe le chiese chi fosse e da dove venisse
The prince asked her who she was and whence she came
Lei lo guardò con dolcezza e tristezza
She looked at him mildly and sorrowfully

ma lei dovette rispondere con i suoi profondi occhi azzurri
but she had to answer with her deep blue eyes
perché la sirenetta non parlava più
because the little mermaid could not speak anymore
La prese per mano e la condusse a palazzo
He took her by the hand and led her to the palace

Ogni passo che faceva era come la strega aveva detto che sarebbe stato
Every step she took was as the witch had said it would be
Si sentiva come se stesse calpestando coltelli affilati
she felt as if she were treading upon sharp knives
Tuttavia, sopportò volentieri il dolore dell'incantesimo
She bore the pain of the spell willingly, however
E si mosse al fianco del principe con la leggerezza di una bolla
and she moved at the prince's side as lightly as a bubble
Tutti quelli che la vedevano si meravigliavano dei suoi movimenti aggraziati e ondeggianti
all who saw her wondered at her graceful, swaying movements
Ben presto fu vestita con costose vesti di seta e mussola
She was very soon arrayed in costly robes of silk and muslin
ed era la creatura più bella del palazzo
and she was the most beautiful creature in the palace
ma sembrava muta e non sapeva né parlare né cantare
but she appeared dumb, and could neither speak nor sing

C'erano bellissime schiave, vestite di seta e d'oro
there were beautiful female slaves, dressed in silk and gold
Si sono fatti avanti e hanno cantato davanti alla famiglia reale
they stepped forward and sang in front of the royal family
ogni schiavo poteva cantare meglio dell'altro
each slave could sing better than the next one
E il principe batté le mani e le sorrise

and the prince clapped his hands and smiled at her
Questo fu un grande dolore per la sirenetta
This was a great sorrow to the little mermaid
Sapeva quanto più dolcemente era in grado di cantare
she knew how much more sweetly she was able to sing
"Se solo sapesse che ho dato via la mia voce per stare con lui!"
"if only he knew I have given away my voice to be with him!"

c'era musica suonata da un'orchestra
there was music being played by an orchestra
e gli schiavi si esibirono in alcune graziose danze fiabesche
and the slaves performed some pretty, fairy-like dances
Allora la sirenetta sollevò le sue belle braccia bianche
Then the little mermaid raised her lovely white arms
Si alzò sulla punta dei piedi come una ballerina
she stood on the tips of her toes like a ballerina
e scivolò sul pavimento come un uccello sull'acqua
and she glided over the floor like a bird over water
e ballava come nessuno era ancora stato in grado di ballare
and she danced as no one yet had been able to dance
Ad ogni istante la sua bellezza si rivelava sempre di più
At each moment her beauty was more revealed
La cosa più attraente di tutte, per il cuore, erano i suoi occhi espressivi
most appealing of all, to the heart, were her expressive eyes
Tutti erano incantati da lei, soprattutto il principe
Everyone was enchanted by her, especially the prince
Il principe la chiamava la sua piccola trovatella sorda
the prince called her his deaf little foundling
E continuò felicemente a ballare, per compiacere il principe
and she happily continued to dance, to please the prince
ma dobbiamo ricordare il dolore che ha sopportato per il suo piacere
but we must remember the pain she endured for his pleasure
Ogni passo sul pavimento sembrava come se calpestasse

coltelli affilati
every step on the floor felt as if she trod on sharp knives

Il principe disse che sarebbe rimasta sempre con lui
The prince said she should remain with him always
e le fu dato il permesso di dormire alla sua porta
and she was given permission to sleep at his door
Le portarono un cuscino di velluto su cui sdraiarsi
they brought a velvet cushion for her to lie on
e il principe fece confezionare per lei un vestito da paggio
and the prince had a page's dress made for her
In questo modo avrebbe potuto accompagnarlo a cavallo
this way she could accompany him on horseback
Cavalcarono insieme attraverso i boschi profumati di dolce
They rode together through the sweet-scented woods
nel bosco i rami verdi toccavano le loro spalle
in the woods the green branches touched their shoulders
e gli uccellini cantavano tra le foglie fresche
and the little birds sang among the fresh leaves
Si arrampicò con lui sulle cime di alte montagne
She climbed with him to the tops of high mountains
e sebbene i suoi teneri piedi sanguinassero, sorrise solo
and although her tender feet bled, she only smiled
Lo seguì finché le nuvole furono sotto di loro
she followed him till the clouds were beneath them
come uno stormo di uccelli che volano verso terre lontane
like a flock of birds flying to distant lands

Quando tutti si furono addormentati, si sedette sugli ampi gradini di marmo
when all were asleep she sat on the broad marble steps
Alleviava i suoi piedi ardenti per bagnarli nell'acqua fredda
it eased her burning feet to bathe them in the cold water
Fu allora che pensò a tutti quelli che erano nel mare
It was then that she thought of all those in the sea
Una volta, durante la notte, le sue sorelle si avvicinarono, a

braccetto
Once, during the night, her sisters came up, arm in arm
Cantavano tristemente mentre galleggiavano sull'acqua
they sang sorrowfully as they floated on the water
Fece loro un cenno ed essi la riconobbero
She beckoned to them, and they recognized her
Le raccontarono come avevano addolorato la loro sorella più giovane
they told her how they had grieved their youngest sister
Dopodiché, sono venuti nello stesso posto ogni notte
after that, they came to the same place every night
Una volta vide in lontananza la sua vecchia nonna
Once she saw in the distance her old grandmother
Erano molti anni che non saliva sulla superficie del mare
she had not been to the surface of the sea for many years
e il vecchio Re del Mare, suo padre, con la corona in testa
and the old Sea King, her father, with his crown on his head
Anche lui è venuto dove lei poteva vederlo
he too came to where she could see him
Allungarono le mani verso di lei
They stretched out their hands towards her
ma non si avventurarono così vicino alla terra come le sue sorelle
but they did not venture as near the land as her sisters

Col passare dei giorni amava sempre di più il principe
As the days passed she loved the prince more dearly
e l'amava come si amerebbe un bambino
and he loved her as one would love a little child
Non gli venne mai in mente di farla sua moglie
The thought never came to him to make her his wife
ma, a meno che non l'avesse sposata, il suo desiderio non si sarebbe mai avverato
but, unless he married her, her wish would never come true
A meno che non l'avesse sposata, non avrebbe potuto ricevere un'anima immortale

unless he married her she could not receive an immortal soul
e se avesse sposato un'altra, i suoi sogni sarebbero andati in frantumi
and if he married another her dreams would shatter
La mattina dopo il suo matrimonio lei si sarebbe sciolta
on the morning after his marriage she would dissolve
e la sirenetta sarebbe diventata la spuma del mare
and the little mermaid would become the foam of the sea

Il principe prese la sirenetta tra le braccia
the prince took the little mermaid in his arms
e la baciò sulla fronte
and he kissed her on her forehead
con gli occhi cercò di chiedergli
with her eyes she tried to ask him
"Non mi ami più di tutti loro?"
"Do you not love me the most of them all?"
"Sì, mi sei cara", disse il principe
"Yes, you are dear to me," said the prince
"Perché hai il cuore migliore"
"because you have the best heart"
"E tu sei il più devoto a me"
"and you are the most devoted to me"
"Sei come una fanciulla che ho visto una volta"
"You are like a young maiden whom I once saw"
"ma non incontrerò mai più questa giovane fanciulla"
"but I shall never meet this young maiden again"
"Ero in una nave che è naufragata"
"I was in a ship that was wrecked"
"E le onde mi gettarono a riva vicino a un tempio sacro"
"and the waves cast me ashore near a holy temple"
"Al tempio diverse giovani fanciulle celebravano il servizio"
"at the temple several young maidens performed the service"
"La fanciulla più giovane mi ha trovato sulla riva"
"The youngest maiden found me on the shore"
"E la più giovane delle fanciulle mi ha salvato la vita"

"and the youngest of the maidens saved my life"
"L'ho vista solo due volte", ha spiegato
"I saw her but twice," he explained
"E lei è l'unica al mondo che potrei amare"
"and she is the only one in the world whom I could love"
"Ma tu sei come lei", rassicurò la sirenetta
"But you are like her," he reassured the little mermaid
"E tu hai quasi scacciato la sua immagine dalla mia mente"
"and you have almost driven her image from my mind"
"Appartiene al tempio santo"
"She belongs to the holy temple"
"La buona sorte ha mandato te invece di lei da me"
"good fortune has sent you instead of her to me"
"Non ci separeremo mai", confortò la sirenetta
"We will never part," he comforted the little mermaid

ma la sirenetta non poté fare a meno di sospirare
but the little mermaid could not help but sigh
"non sa che sono stato io a salvargli la vita"
"he knows not that it was I who saved his life"
"L'ho portato al di là del mare, dove sorge il tempio"
"I carried him over the sea to where the temple stands"
"Mi sono seduto sotto la schiuma finché l'umano non è venuto ad aiutarlo"
"I sat beneath the foam till the human came to help him"
"Ho visto la bella fanciulla che ama"
"I saw the pretty maiden that he loves"
"la bella fanciulla che ama più di me"
"the pretty maiden that he loves more than me"
La sirena sospirò profondamente, ma non riuscì a piangere
The mermaid sighed deeply, but she could not weep
"Dice che la fanciulla appartiene al tempio sacro"
"He says the maiden belongs to the holy temple"
"Perciò non tornerà mai più al mondo"
"therefore she will never return to the world"
"Non si incontreranno più", sperava la Sirenetta

"they will meet no more," the little mermaid hoped
"Sono al suo fianco e lo vedo tutti i giorni"
"I am by his side and see him every day"
"Mi prenderò cura di lui e lo amerò"
"I will take care of him, and love him"
"e darò la mia vita per amor suo"
"and I will give up my life for his sake"

Ben presto si disse che il principe si sarebbe sposato
Very soon it was said that the prince was to marry
C'era la bella figlia di un re vicino
there was the beautiful daughter of a neighbouring king
Si diceva che sarebbe stata sua moglie
it was said that she would be his wife
Per l'occasione si stava allestendo una bella nave
for the occasion a fine ship was being fitted out
Il principe disse che intendeva solo far visita al re
the prince said he intended only to visit the king
Pensavano che andasse solo per incontrare la principessa
they thought he was only going so as to meet the princess
La sirenetta sorrise e scosse la testa
The little mermaid smiled and shook her head
Conosceva i pensieri del principe meglio degli altri
She knew the prince's thoughts better than the others

"Devo viaggiare", le aveva detto
"I must travel," he had said to her
"Devo vedere questa bellissima principessa"
"I must see this beautiful princess"
"I miei genitori vogliono che io vada a trovarla
"My parents want me to go and see her
"Ma non mi obbligheranno a riportarla a casa come mia sposa"
"but they will not oblige me to bring her home as my bride"
"tu sai che non posso amarla"
"you know that I cannot love her"

"Perché non è come la bella fanciulla nel tempio"
"because she is not like the beautiful maiden in the temple"
"la bella fanciulla a cui assomigli"
"the beautiful maiden whom you resemble"
"Se fossi costretto a scegliere una sposa, sceglierei te"
"If I were forced to choose a bride, I would choose you"
"Il mio trovatello sordo, con quegli occhi espressivi"
"my deaf foundling, with those expressive eyes"
Poi le baciò la bocca rosea
Then he kissed her rosy mouth
E giocava con i suoi lunghi capelli ondeggianti
and he played with her long, waving hair
e posò la testa sul suo cuore
and he laid his head on her heart
Sognava la felicità umana e un'anima immortale
she dreamed of human happiness and an immortal soul

Stavano sul ponte della nobile nave
they stood on the deck of the noble ship
«Non hai paura del mare, vero?» disse
"You are not afraid of the sea, are you?" he said
La nave doveva portarli nel paese vicino
the ship was to carry them to the neighbouring country
Poi le parlò di tempeste e di bonacce
Then he told her of storms and of calms
Le raccontò di strani pesci nelle profondità dell'acqua
he told her of strange fishes deep beneath the water
e le raccontò ciò che i sommozzatori avevano visto lì
and he told her of what the divers had seen there
Lei sorrise alle sue descrizioni, un po' divertita
She smiled at his descriptions, slightly amused
Sapeva meglio di lei quali meraviglie c'erano in fondo al mare
she knew better what wonders were at the bottom of the sea

La Sirenetta sedeva sul ponte al chiaro di luna

the little mermaid sat on the deck at moonlight
Tutti a bordo dormivano, tranne l'uomo al timone
all on board were asleep, except the man at the helm
e guardò giù attraverso l'acqua limpida
and she gazed down through the clear water
Pensava di poter distinguere il castello di suo padre
She thought she could distinguish her father's castle
e nel castello poteva vedere la sua anziana nonna
and in the castle she could see her aged grandmother
Poi le sue sorelle uscirono dalle onde
Then her sisters came out of the waves
e guardavano la sorella con tristezza
and they gazed at their sister mournfully
Fece un cenno alle sorelle e sorrise
She beckoned to her sisters, and smiled
Voleva dire loro quanto fosse felice e benestante
she wanted to tell them how happy and well off she was
Ma il mozzo si avvicinò e le sue sorelle si tuffarono
But the cabin boy approached and her sisters dived down
Pensava che quello che vedeva fosse la schiuma del mare
he thought what he saw was the foam of the sea

La mattina seguente la nave entrò nel porto
The next morning the ship got into the harbour
Erano arrivati in una bella città costiera
they had arrived in a beautiful coastal town
Al loro arrivo sono stati accolti dalle campane della chiesa
on their arrival they were greeted by church bells
e dalle alte torri suonò uno squillo di trombe
and from the high towers sounded a flourish of trumpets
I soldati fiancheggiavano le strade attraverso le quali passavano
soldiers lined the roads through which they passed
Soldati, a pieni voti e baionette scintillanti
Soldiers, with flying colors and glittering bayonets
Ogni giorno che erano lì c'era una festa

Every day that they were there there was a festival
Per l'evento sono stati organizzati balli e intrattenimenti
balls and entertainments were organised for the event
Ma la principessa non aveva ancora fatto la sua comparsa
But the princess had not yet made her appearance
Era stata allevata ed educata in una casa religiosa
she had been brought up and educated in a religious house
Stava imparando tutte le virtù regali di una principessa
she was learning every royal virtue of a princess

Alla fine, la principessa fece la sua apparizione regale
At last, the princess made her royal appearance
La sirenetta era ansiosa di vederla
The little mermaid was anxious to see her
Doveva sapere se era davvero bella
she had to know whether she really was beautiful
Fu costretta ad ammettere di essere davvero bella
she was obliged to admit she really was beautiful
Non aveva mai visto una visione più perfetta della bellezza
she had never seen a more perfect vision of beauty
La sua pelle era delicatamente chiara
Her skin was delicately fair
e i suoi occhi azzurri ridenti brillavano di verità e purezza
and her laughing blue eyes shone with truth and purity
"Sei stato tu", disse il principe
"It was you," said the prince
"mi hai salvato la vita quando giacevo come morto sulla spiaggia"
"you saved my life when I lay as if dead on the beach"
"E teneva tra le braccia la sua sposa arrossendo"
"and he held his blushing bride in his arms"

"Oh, sono troppo felice!" disse alla sirenetta
"Oh, I am too happy!" said he to the little mermaid
"Le mie più care speranze si sono ora realizzate"
"my fondest hopes are now fulfilled"

"Ti rallegrerai della mia felicità"
"You will rejoice at my happiness"
"Perché la tua devozione per me è grande e sincera"
"because your devotion to me is great and sincere"
La sirenetta baciò la mano del principe
The little mermaid kissed the prince's hand
e si sentiva come se il suo cuore fosse già spezzato
and she felt as if her heart were already broken
La mattina delle nozze le avrebbe portato la morte
His wedding morning would bring death to her
Sapeva che sarebbe diventata la schiuma del mare
she knew she was to become the foam of the sea

Il suono delle campane della chiesa risuonava in tutta la città
the sound of the church bells rang through the town
Gli araldi attraversarono la città proclamando il fidanzamento
the heralds rode through the town proclaiming the betrothal
L'olio profumato veniva bruciato in lampade d'argento su ogni altare
Perfumed oil was burned in silver lamps on every altar
I sacerdoti agitarono i turiboli sulla coppia
The priests waved the censers over the couple
e la sposa e lo sposo congiunsero le loro mani
and the bride and the bridegroom joined their hands
e ricevettero la benedizione del vescovo
and they received the blessing of the bishop
La sirenetta era vestita di seta e d'oro
The little mermaid was dressed in silk and gold
Sollevò il vestito della sposa, con grande dolore
she held up the bride's dress, in great pain
ma le sue orecchie non udirono nulla della musica festosa
but her ears heard nothing of the festive music
e i suoi occhi non videro la santa cerimonia
and her eyes saw not the holy ceremony
Pensò alla notte della morte che l'avrebbe colpita

She thought of the night of death coming to her
e piangeva per tutto quello che aveva perso nel mondo
and she mourned for all she had lost in the world

Quella sera gli sposi salirono a bordo della nave
that evening the bride and bridegroom boarded the ship
I cannoni della nave ruggivano per celebrare l'evento
the ship's cannons were roaring to celebrate the event
e tutte le bandiere del regno sventolavano
and all the flags of the kingdom were waving
Al centro della nave era stata eretta una tenda
in the centre of the ship a tent had been erected
Nella tenda c'erano i divani per dormire per gli sposi
in the tent were the sleeping couches for the newlyweds
I venti erano favorevoli per navigare nel mare calmo
the winds were favourable for navigating the calm sea
e la nave scivolava liscia come gli uccelli del cielo
and the ship glided as smoothly as the birds of the sky

Quando si fece buio, si accesero alcune lampade colorate
When it grew dark, a number of colored lamps were lighted
I marinai e la famiglia reale ballavano allegramente sul ponte
the sailors and royal family danced merrily on the deck
La sirenetta non poté fare a meno di pensare al suo compleanno
The little mermaid could not help thinking of her birthday
il giorno in cui uscì dal mare per la prima volta
the day that she rose out of the sea for the first time
Quel giorno si celebravano simili festeggiamenti gioiosi
similar joyful festivities were celebrated on that day
Pensò alla meraviglia e alla speranza che aveva provato quel giorno
she thought about the wonder and hope she felt that day
Con quei bei ricordi, anche lei si unì al ballo
with those pleasant memories, she too joined in the dance

Sui suoi piedi doloranti, si sollevò in aria
on her paining feet, she poised herself in the air
il modo in cui una rondine si posiziona quando è inseguita da una preda
the way a swallow poises itself when in pursued of prey
I marinai e i servi la acclamavano meravigliati
the sailors and the servants cheered her wonderingly
Non aveva mai ballato con tanta grazia prima
She had never danced so gracefully before
I suoi teneri piedi sembravano tagliati da coltelli affilati
Her tender feet felt as if cut with sharp knives
ma le importava poco del dolore ai piedi
but she cared little for the pain of her feet
C'era un dolore molto più acuto che le trafiggeva il cuore
there was a much sharper pain piercing her heart

Sapeva che quella sarebbe stata l'ultima sera in cui lo avrebbe visto
She knew this was the last evening she would ever see him
il principe per il quale aveva abbandonato i suoi parenti e la sua casa
the prince for whom she had forsaken her kindred and home
Aveva rinunciato alla sua bella voce per lui
She had given up her beautiful voice for him
e ogni giorno aveva sofferto per lui un dolore inaudito
and every day she had suffered unheard-of pain for him
Lei soffriva tutto questo, mentre lui non sapeva nulla del suo dolore
she suffered all this, while he knew nothing of her pain
Era l'ultima sera che avrebbe respirato la sua stessa aria
it was the last evening she would breath the same air as him
Era l'ultima sera in cui avrebbe guardato lo stesso cielo stellato
it was the last evening she would gaze on the same starry sky
Era l'ultima sera in cui avrebbe guardato negli abissi marini
it was the last evening she would gaze into the deep sea

Era l'ultima sera in cui avrebbe guardato nella notte eterna
it was the last evening she would gaze into the eternal night
L'attendeva una notte eterna senza pensieri né sogni
an eternal night without thoughts or dreams awaited her
Era nata senza un'anima, e ora non avrebbe mai potuto vincerne una
She was born without a soul, and now she could never win one

Tutto era gioia e allegria sulla nave fino a molto dopo la mezzanotte
All was joy and gaiety on the ship until long after midnight
Sorrise e ballò con gli altri sulla nave reale
She smiled and danced with the others on the royal ship
ma danzava mentre il pensiero della morte era nel suo cuore
but she danced while the thought of death was in her heart
Doveva guardare il principe ballare con la principessa
she had to watch the prince dance with the princess
Dovette guardare quando il principe baciò la sua bellissima sposa
she had to watch when the prince kissed his beautiful bride
Doveva guardarla giocare con i capelli corvini del principe
she had to watch her play with the prince's raven hair
e doveva guardarli entrare nella tenda, a braccetto
and she had to watch them enter the tent, arm in arm

Dopo che se ne furono andati, tutti si calmarono a bordo della nave
after they had gone all became still on board the ship
Solo il pilota, che stava al timone, era ancora sveglio
only the pilot, who stood at the helm, was still awake
La sirenetta si appoggiò al bordo del vascello
The little mermaid leaned on the edge of the vessel
Guardò verso est per il primo rossore del mattino
she looked towards the east for the first blush of morning
il primo raggio dell'alba, che doveva essere la sua morte

the first ray of the dawn, which was to be her death
Da lontano vide le sue sorelle emergere dal mare
from far away she saw her sisters rising out of the sea
Erano pallidi di paura come lei
They were as pale with fear as she was
ma i loro bei capelli non ondeggiavano più al vento
but their beautiful hair no longer waved in the wind
"Abbiamo dato i nostri capelli alla strega", dissero
"We have given our hair to the witch," said they
"in modo che tu non debba morire stanotte"
"so that you do not have to die tonight"
"Per i nostri capelli abbiamo ottenuto questo coltello"
"for our hair we have obtained this knife"
"Prima che sorga il sole devi usare questo coltello"
"Before the sun rises you must use this knife"
"Devi affondare il coltello nel cuore del principe"
"you must plunge the knife into the heart of the prince"
"Il sangue caldo del principe deve cadere sui tuoi piedi"
"the warm blood of the prince must fall upon your feet"
"E allora i vostri piedi ricresceranno insieme"
"and then your feet will grow together again"
"Dove hai le gambe avrai di nuovo la coda di un pesce"
"where you have legs you will have a fish's tail again"
"E dove eri umano sarai ancora una volta una sirena"
"and where you were human you will once more be a mermaid"
"Allora puoi tornare a vivere con noi, sotto il mare"
"then you can return to live with us, under the sea"
"E ti saranno dati i tuoi trecento anni di sirena"
"and you will be given your three hundred years of a mermaid"
"E solo allora sarai trasformato nella spuma salata del mare"
"and only then will you be changed into the salty sea foam"
"Affrettati, allora; o lui o tu devi morire prima dell'alba"
"Haste, then; either he or you must die before sunrise"
"La nostra vecchia nonna ti piange giorno e notte"

"our old grandmother mourns for you day and night"
"I suoi capelli bianchi stanno cadendo"
"her white hair is falling out"
"Proprio come i nostri capelli sono caduti sotto le forbici della strega"
"just as our hair fell under the witch's scissors"
"Uccidi il principe e torna indietro", la implorarono
"Kill the prince, and come back," they begged her
"Non vedi le prime strisce rosse nel cielo?"
"Do you not see the first red streaks in the sky?"
"Tra pochi minuti sorgerà il sole e tu morirai"
"In a few minutes the sun will rise, and you will die"
Dopo aver fatto del loro meglio, le sue sorelle sospirarono profondamente
having done their best, her sisters sighed deeply
Tristemente le sue sorelle affondarono di nuovo sotto le onde
mournfully her sisters sank back beneath the waves
e la sirenetta rimase con il coltello in mano
and the little mermaid was left with the knife in her hands

Scostò la tenda cremisi della tenda
she drew back the crimson curtain of the tent
e nella tenda vide la bella sposa
and in the tent she saw the beautiful bride
Il suo viso era appoggiato sul petto del principe
her face was resting on the prince's breast
E poi la Sirenetta guardò il cielo
and then the little mermaid looked at the sky
All'orizzonte l'alba rosea diventava sempre più luminosa
on the horizon the rosy dawn grew brighter and brighter
Diede un'occhiata al coltello affilato che teneva in mano
She glanced at the sharp knife in her hands
e di nuovo fissò gli occhi sul principe
and again she fixed her eyes on the prince
Si chinò e baciò la sua nobile fronte

She bent down and kissed his noble brow
sussurrava il nome della sua sposa nei suoi sogni
he whispered the name of his bride in his dreams
Sognava la principessa che aveva sposato
he was dreaming of the princess he had married
Il coltello tremava nella mano della sirenetta
the knife trembled in the hand of the little mermaid
ma gettò il coltello lontano tra le onde
but she flung the knife far into the waves

dove cadde il coltello l'acqua diventò rossa
where the knife fell the water turned red
le gocce che sgorgavano sembravano sangue
the drops that spurted up looked like blood
Lanciò un ultimo sguardo al principe che amava
She cast one last look upon the prince she loved
il sole trafiggeva il cielo con le sue frecce d'oro
the sun pierced the sky with its golden arrows
e si gettò dalla nave in mare
and she threw herself from the ship into the sea
La Sirenetta sentì il suo corpo dissolversi in schiuma
the little mermaid felt her body dissolving into foam
e tutto ciò che saliva in superficie erano bolle d'aria
and all that rose to the surface were bubbles of air
I caldi raggi del sole cadevano sulla schiuma fredda
the sun's warm rays fell upon the cold foam
ma non si sentiva morire
but she did not feel as if she were dying
In uno strano modo sentì il calore del sole splendente
in a strange way she felt the warmth of the bright sun
Vide centinaia di bellissime creature trasparenti
she saw hundreds of beautiful transparent creatures
Le creature fluttuavano tutt'intorno a lei
the creatures were floating all around her
attraverso di loro poteva vedere le vele bianche delle navi
through them she could see the white sails of the ships

e attraverso di loro vide le nuvole rosse nel cielo
and through them she saw the red clouds in the sky
Il loro modo di parlare era melodioso e infantile
Their speech was melodious and childlike
ma non poteva essere udito da orecchie mortali
but it could not be heard by mortal ears
né i loro corpi potevano essere visti da occhi mortali
nor could their bodies be seen by mortal eyes
La sirenetta percepì che era come loro
The little mermaid perceived that she was like them
e sentiva che saliva sempre più in alto
and she felt that she was rising higher and higher
«Dove sono?» chiese lei, e la sua voce suonò eterea
"Where am I?" asked she, and her voice sounded ethereal
non c'è musica terrena che possa imitarla
there is no earthly music that could imitate her
"Tra le figlie dell'aria", rispose una di loro
"Among the daughters of the air," answered one of them
"Una sirena non ha un'anima immortale"
"A mermaid has not an immortal soul"
"Né le sirene possono ottenere anime immortali"
"nor can mermaids obtain immortal souls"
"a meno che non conquisti l'amore di un essere umano"
"unless she wins the love of a human being"
"Dalla volontà di un altro dipende il suo destino eterno"
"on the will of another hangs her eternal destiny"
"Come te, anche noi non abbiamo anime immortali"
"like you, we do not have immortal souls either"
"Ma possiamo ottenere un'anima immortale con le nostre azioni"
"but we can obtain an immortal soul by our deeds"
"Voliamo verso paesi caldi e rinfreschiamo l'aria afosa"
"We fly to warm countries and cool the sultry air"
"Il calore che distrugge il genere umano con la pestilenza"
"the heat that destroys mankind with pestilence"
"Portiamo il profumo dei fiori"

"We carry the perfume of the flowers"
"E diffondiamo salute e ristoro"
"and we spread health and restoration"

"Da trecento anni percorriamo il mondo così"
"for three hundred years we travel the world like this"
"In quel tempo ci sforziamo di fare tutto il bene che è in nostro potere"
"in that time we strive to do all the good in our power"
"Quando ci riusciamo, riceviamo un'anima immortale"
"when we succeed we receive an immortal soul"
"E allora anche noi partecipiamo alla felicità dell'umanità"
"and then we too take part in the happiness of mankind"
"Tu, povera sirenetta, hai fatto del tuo meglio"
"You, poor little mermaid, have done your best"
"Hai cercato con tutto il cuore di fare come noi"
"you have tried with your whole heart to do as we are doing"
"Hai sofferto e sopportato un dolore enorme"
"You have suffered and endured an enormous pain"
"Con le tue buone azioni ti sei innalzato al mondo degli spiriti"
"by your good deeds you raised yourself to the spirit world"
"E ora vivrai accanto a noi per trecento anni"
"and now you will live alongside us for three hundred years"
"Lottando come noi, puoi ottenere un'anima immortale"
"by striving like us, you may obtain an immortal soul"
La sirenetta sollevò i suoi occhi glorificati verso il sole
The little mermaid lifted her glorified eyes toward the sun
Per la prima volta, sentì i suoi occhi riempirsi di lacrime
for the first time, she felt her eyes filling with tears

Sulla nave che aveva lasciato c'era vita e rumore
On the ship she had left there was life and noise
Vide il principe e la sua bella sposa la cercò
she saw the prince and his beautiful bride searched for her
Guardavano con tristezza la spuma perlacea

Sorrowfully, they gazed at the pearly foam
Era come se sapessero che si era gettata tra le onde
it was as if they knew she had thrown herself into the waves
Senza essere vista, baciò la fronte della sposa
Unseen, she kissed the forehead of the bride
e poi si alzò con gli altri figli dell'aria
and then she rose with the other children of the air
Insieme andarono verso una nuvola rosea che fluttuava sopra di loro
together they went to a rosy cloud that floated above

"Dopo trecento anni", ha iniziato a spiegare uno di loro
"After three hundred years," one of them started explaining
"Allora galleggeremo nel regno dei cieli", disse
"then we shall float into the kingdom of heaven," said she
«E forse ci arriviamo anche prima», sussurrò un compagno
"And we may even get there sooner," whispered a companion
"Non visti possiamo entrare nelle case dove ci sono i bambini"
"Unseen we can enter the houses where there are children"
"In alcune case troviamo dei bravi bambini"
"in some of the houses we find good children"
"Questi bambini sono la gioia dei loro genitori"
"these children are the joy of their parents"
"E questi bambini meritano l'amore dei loro genitori"
"and these children deserve the love of their parents"
"Questi bambini accorciano il tempo della nostra prova"
"such children shorten the time of our probation"
"Il bambino non sa quando attraversiamo la stanza"
"The child does not know when we fly through the room"
"E non sanno che sorridiamo di gioia per la loro buona condotta"
"and they don't know that we smile with joy at their good conduct"
"Perché allora il nostro giudizio arriva un giorno prima"
"because then our judgement comes one day sooner"

"Ma vediamo anche bambini cattivi e malvagi"
"But we see naughty and wicked children too"
"Quando vediamo questi bambini versiamo lacrime di dolore"
"when we see such children we shed tears of sorrow"
"E per ogni lacrima versata un giorno si aggiunge al nostro tempo"
"and for every tear we shed a day is added to our time"

La Fine
The End

www.ingramcontent.com/pod-product-compliance
Lightning Source LLC
Chambersburg PA
CBHW010623130526
44591CB00048B/2755